Markus Osterwalder, geb. 1947 bei Zürich, Schriftsetzerlehre, Graphiker bei einem Schulbuchverlag in Paris, dann bei einem Hamburger Verlag für die Zeitschrift «Akut». Mehrere Jahre Layouter beim «ZEITmagazin». Jetzt künstlerischer Leiter bei «L'école des loisirs» in Paris. Mitarbeit bei den Zeitschriften «Yps», «Pop», «Popfoto», «Sounds», «Graphia» u.a. Autor des Illustratoren-Nachschlagewerkes «Dictionnaire des Illustrateurs». Lebt in Arcueil bei Paris.

Vom selben Autor gibt es bei rotfuchs außerdem die Bildgeschichten «Bobo Siebenschläfer ist wieder da» (Band 21245), «Bobo Siebenschläfer macht munter weiter» (Band 21222) und «Bobo Siebenschläfer wird nicht müde» (Band 21475).

Markus Osterwalder

Bobo
Siebenschläfer

Bildgeschichten
für ganz Kleine

Rowohlt Taschenbuch Verlag

10. Auflage Marz 2011

Neuausgabe
Originalausgabe veröffentlicht im Rowohlt Taschenbuch Verlag,
Reinbek bei Hamburg, Juli 1984
Copyright © 1984, 2004 by Rowohlt Verlag GmbH,
Reinbek bei Hamburg
Vierfarbige Kolorierung der Illustrationen Jeanne Pommaux
Umschlagillustration Markus Osterwalder
Umschlaggestaltung any.way, Andreas Pufal
Satz Apollo PostScript, QuarkXPress 4.11
Gesamtherstellung CPI – Clausen & Bosse, Leck
Printed in Germany
ISBN 978 3 499 21204 8

Für Sandra

Inhalt

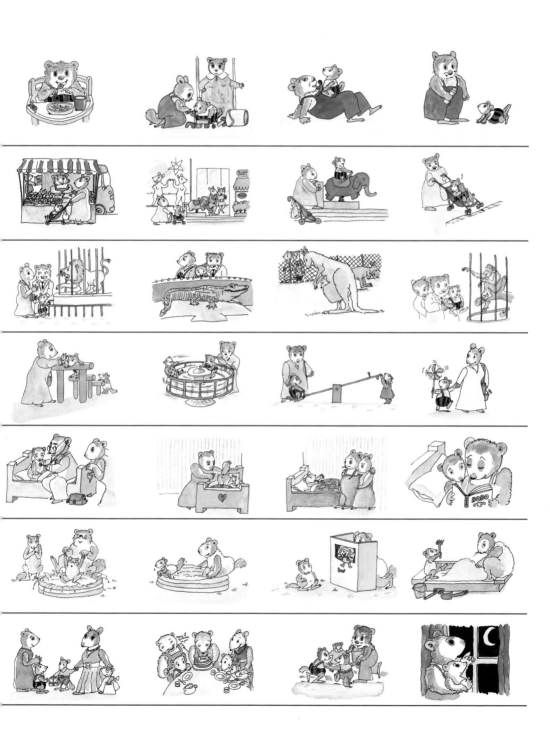

Bei Bobo zu Haus

Hier wohnt die Familie Siebenschläfer.
Siehst du Bobo?

Und das ist Bobos Zimmer. Siehst du das Pferdchen?
Und den Ball? Und den Teddy?

Bobo schläft noch.
Da kommt Bobos Mama mit der Flasche.

«Guten Morgen, Bobo!

Hast du gut geschlafen?

12

Hier ist deine Flasche.» Papa Siebenschläfer ist auch schon da.

«Das Frühstück ist fertig», sagt Papa Siebenschläfer.
«Möchtest du ein Marmeladenbrot?»

Nein, Bobo möchte einen Becher Kakao.

Und ein Müsli. Mmm!

Hoppla! Bobo hat den Becher umgestoßen.

Der Becher ist hinuntergefallen.
Der ganze Kakao ist auf dem Boden.

Bobo mag nicht mehr essen. Papa hebt ihn aus dem Stuhl.

Dann spielt Papa Siebenschläfer mit Bobo.

Sie bauen einen Turm. Der ist schon größer als Papa!

Hoppla! Der Turm fällt zusammen.

Nun will Papa die Zeitung lesen. «Und du spielst
vielleicht mit der Puppe, Bobo?», sagt er.

Bobo will der Puppe das Hemd ausziehen.
Das kann er aber nicht allein.

Da muss Papa eben helfen.

«So, nun spiel schön weiter, Bobo!»

Bobo will aber, dass Papa mitspielt.
Papa legt die Zeitung weg.

Erst einmal dürfen Bobo und die Puppe
auf Papas Bauch reiten,

20

dann reiten sie auf Papas Rücken.
«Mehr! Mehr!», ruft Bobo.

Jetzt spielen sie Flugzeug.

«Möchtest du nun deine Flasche?», fragt Papa.

Ja, Bobo möchte die Flasche.
Sie gehen in Bobos Zimmer.

22

«Wollen wir uns ein Bilderbuch ansehen?», fragt Papa.
«Au ja!», sagt Bobo.

Aber bald sind Bobo und Papa eingeschlafen.
Mama lacht.

Bobo geht einkaufen

Mama und Bobo gehen einkaufen. Na, wo ist Bobo?

25

Ja, Bobo sitzt in dem Einkaufswagen.
Und schon fahren sie los.

Mama packt die Waren in den Einkaufswagen.

Bobo will eine Wurst einpacken. «Nein, Bobo, wir haben noch
eine Wurst zu Hause», sagt Mama.

Jetzt haben sie genug eingepackt.

Zahnpasta

Zwiebeln

Milch

eine Klebefilmrolle

eine
Schuhbürste

Spülmittel

Buntstifte

Joghurt

Papierservietten

28

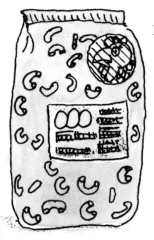
Nudeln

Mais

Marmelade

Kekse

eine Dose Fisch

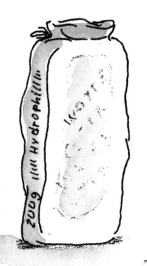

Babyöl

Watte

Toilettenpapier

Mama legt alles neben die Kasse und bezahlt.

Sie hebt Bobo wieder in die Karre.

Die vielen Sachen kommen in den Sack.

Beim Gemüsestand kaufen sie Äpfel und Birnen.

Beim Fischmann kaufen sie einen Fisch.

Mama hebt Bobo wieder aus der Karre.

Sie steigen die Treppe zum Bäcker hoch.
Was gibt es alles beim Bäcker!

Großes Brot und kleines Brot

Bonbons
und
Pralinen

Topfkuchen

Hörnchen
und
Schokolade

Mama und Bobo müssen noch zum Schlachter.

Der Schlachter gibt Bobo eine Scheibe Wurst.
«Sag danke, Bobo!»

Aber Bobo sagt nichts.
«Macht nichts», sagt der Schlachter.

Dann gehen sie weiter.
Vor dem Kaufhaus steht ein Holzelefant.

35

Bobo will reiten.
Mama setzt ihn auf den Elefanten.

Sie steckt ein Geldstück in den Schlitz.

Hopp

und hopp

und hopp

und aus!

Am Kiosk kauft Mama noch ein Bilderbuch
und eine Zeitung.

Bobo beguckt die Bilder

und schläft ein.

Bobo im Zoo

Mama und Papa und Bobo gehen in den Zoo.

Siehst du den Löwen? Und da, den Elefanten?
Und die Giraffe?

Kra, kra, kraaa, macht der Papagei.

Das sind die Zebras.

Bobo gibt dem Elefanten eine Erdnuss.

Da ist die Giraffe mit dem langen Hals.

Da ist der große Löwe.

Woauuuh!, macht der große Löwe.

Bobo weint. Der Löwe hat ihm Angst gemacht.

Papa nimmt Bobo in die Arme. Mama macht ein Foto.

Da sitzt der Bär. Brumm, brumm – macht der Bär.

Das Krokodil hat viele scharfe Zähne.

Wouff, wouff – macht der Seehund.

Die Känguru-Mama trägt ihr Kind in ihrer Bauchtasche.

Hier steht das dicke Nilpferd.

Der Eisbär ist ganz weiß.

Das ist das Nashorn. Siehst du das Horn auf der Nase?

Das Kamel hat zwei Höcker auf dem Rücken.

Da steht der Vogel Strauß.

Papa setzt Bobo auf die Schildkröte.
Aber Bobo will nicht.

Das ist der Affe.

Das ist der Waschbär.

Der Büffel mit den zwei Hörnern.

Da – die Pinguine. Siehst du das Pinguin-Baby?

Der Pelikan hat einen Fisch im Schnabel.

Huuh!, macht die Eule.

Da im Käfig sitzt der Tiger. Bobo will lieber
den kleinen Spatz sehen.

Bobo jammert. Er hat Durst. Er bekommt seine Flasche.

In Papas Arm schläft Bobo ein.

Die drei Siebenschläfer gehen nach Hause.

Bobo auf dem Spielplatz

Mama geht mit Bobo auf den Spielplatz. Bobo hat seinen Eimer,
seine Schaufel und seine Harke mitgenommen.

Bobo will auf die Rutsche.

Zuerst die Leiter hoch. «Halt dich gut fest!», sagt Mama.

Jetzt – rutsch!

Hui, war das toll!

Bobo will auf die Schaukel.

Ein anderes Kind schaukelt schon.

Mama hilft Bobo auf die Schaukel.

Hin und her. Und hin und her.

Bobo turnt auf dem Klettergerüst.

Jetzt möchte Bobo Karussell fahren.

Da will noch ein Mädchen mitfahren. Los geht's!

Rundherum.

Immer schneller, immer schneller.

Bobo will nicht mehr.

Mama Siebenschläfer hebt Bobo heraus.

«Wippe!», ruft Bobo.

Ein anderes Kind möchte auch wippen.

Das Mädchen steigt auf.

Los geht's! Auf und ab und

auf und ab.

«Wir müssen jetzt wieder nach Hause», sagt Mama.
«Es ist schon spät!»

Bobo weint. Er will nicht nach Hause.

«Gut», sagt Mama,
«dann gehe ich allein nach Hause.»

Nun kommt Bobo doch mit.

Mama kauft für Bobo noch ein Windrädchen.

Frr, frr, frr, macht das Windrädchen.

Auf dem langen Weg nach
Hause ist Bobo eingeschlafen.

Bobo ist krank

Bobo spielt mit den Bauklötzen. Aber sie fallen immer
wieder zusammen. Bobo weint.

Mama Siebenschläfer macht sauber.

Bobo möchte auch staubsaugen.

Er darf auf dem Staubsauger reiten.

Aber Bobo weint immer noch.
Ob Bobo Hunger hat?

Er möchte vielleicht einen Keks.

Mama gibt ihm einen Keks.

Mmmm! Bobo isst gern Schokoladenkekse.

Jetzt ist Bobo ganz still.

Er legt sich auf den Boden.
Was ist nur los mit Bobo?

Ist Bobo vielleicht krank? Mama legt die
Hand auf seine Stirn. Sein Kopf ist ganz heiß.

Mama nimmt Bobo auf den Arm

und trägt ihn ins Bett.

Mama Siebenschläfer telefoniert mit dem Arzt:
«Hallo, Herr Doktor! Ich glaube, Bobo ist krank!»

Mama Siebenschläfer holt das Fieberthermometer.

Hat Bobo Fieber?

Da ist schon der Doktor. «Na, wo tut's denn weh?»,
fragt der Doktor.

«Mach mal aaa!» Bobo macht aaa.
«Du hast eine Grippe», sagt der Doktor.

Er schreibt auf ein Rezept, was Mama Siebenschläfer in der
Apotheke kaufen soll, damit Bobo wieder gesund wird.

Der Doktor gibt Mama erst mal eine Schachtel.

Darin sind Zäpfchen, damit Bobo besser schläft
und kein Fieber mehr hat.

Dann schläft Bobo ein.

Papa ist gekommen.

Papa gibt Bobo noch ein Küsschen.

Nun muss Bobo Sirup trinken.

Bobo weint. Er will keinen Sirup trinken.

Jetzt hält das Kasperle den Sirupplöffel:
«Tri, tra, trallala ... Lirum, larum, Löffelstiel.»

Jetzt schluckt Bobo den Sirup.

Papa Siebenschläfer liest aus einem Bilderbuch vor.

Ganz schnell schläft Bobo dann ein. –
Und bald ist er wieder gesund.

Bobo im Planschbecken

Bobo fährt auf dem Dreirad.

Papa Siebenschläfer
spritzt Wasser auf den Rasen.

Mama Siebenschläfer zupft Unkraut.

Bobo hilft Mama.

Papa mäht den Rasen. Rrr, rrr, rrr.

Bobo hilft Papa.

Papa bläst das Planschbecken auf. Bfft, bfft, bfft!

Papa lässt Wasser einlaufen. Pschsch –

Papa und Bobo halten die Hand ins Wasser.
Ein bisschen kalt ist es noch. Macht aber nichts.

Papa Siebenschläfer hält Bobo ins Wasser.
Bobo planscht herum.

Papa steigt auch
ins Planschbecken.

Plitsch! Platsch! Wie das spritzt!

Bobo mag nicht mehr.

Papa bringt das Kasperhaus.

«Trallala – seid ihr alle da?», singt das Kasperle.
«Ja!», ruft Bobo.

Wuuh – da ist das böse Tier. Kasperle schickt es fort.

Bobo will etwas anderes spielen.

Bobo und Papa bauen einen Sandberg.

Papa gräbt einen Tunnel in den Berg.

Bobo und Papa geben sich im Tunnel die Hand.

Mama bringt die Limonade.

Dann ist auch der Kuchen auf dem Tisch.
«Wer möchte Kuchen? Wer möchte Limonade?!»

Mama trinkt Kaffee. Bobo trinkt Limonade.

Papa schneidet ein Stück Kuchen ab.

Dann stellt Papa den Liegestuhl auf.

Papa will Zeitung lesen.

Bobo will ein Bilderbuch angucken.

Papa liest aus dem Bilderbuch vor.
Bobo sieht die Bilder an.

Dann legen Mama, Papa und Bobo sich unter den
Sonnenschirm. Papa und Bobo schlafen ein.

Bobo hat Geburtstag

Mama Siebenschläfer rollt den Kuchenteig
auf dem Küchentisch aus.

Bobo sieht zu. Bobo hat heute Geburtstag,
und bald kommen die Kinder.

Mama sticht Sterne aus dem Teig.
Bobo hilft ihr.

Mama schiebt das Gebäck in den Ofen.
«Nicht zu nahe kommen, Bobo! Der Ofen ist heiß!»

Mama schält Kartoffeln.

Mama macht einen Fruchtsalat.
Mit Birnen, Äpfeln und Apfelsinen.

Mmm – die Apfelschnitze sind lecker!

Bobo malt ein Bild aufs Papier.

Mama hängt Bobos Bild auf.

«Du hast dich ja ganz voll gemalt, Bobo!»,
ruft Mama.

Hopp,
in die Badewanne!

Bobo spielt mit dem Schiff und mit der Gummiente.
Die Ente macht quack-quack!

Mama tröpfelt Shampoo auf Bobos Kopf.

Dann wird der Schaum abgeduscht.
Bobo kneift die Augen zu.

Und nun das Frottiertuch!

Mama rubbelt Bobo warm und trocken.

Nun die saubere Hose anziehen.

Mama freut sich: «Fein siehst du jetzt aus, Bobo.
Ein richtiges Geburtstagskind!»

Da kommen schon die Kinder.

Sie bringen Bobo kleine Geschenke.

Papa hat auch ein Geschenk für Bobo.

Die Kinder sitzen am Tisch. Sie singen für Bobo ein Lied.
Mama bringt die Geburtstagstorte.

Zwei Kerzen brennen auf dem Kuchen, denn Bobo ist
zwei Jahre alt geworden. Bobo bläst die Kerzen aus. Fffff!

Jeder bekommt ein Stück von der Torte.

Die Kinder spielen Ringelreihen.

Bobo möchte jetzt die Geschenke auspacken.
Was hat er alles bekommen?

Nun müssen die anderen Kinder wieder nach
Hause. Bobo winkt hinterher.

Dann bekommt Bobo seine Flasche.

Dann putzt Bobo sich die Zähne. Grrrrr!

Papa trägt Bobo huckepack ins Bett.

«Gute Nacht, Bobo.» Papa gibt Bobo ein Küsschen.

Bobo kann noch nicht schlafen.

«Gut», sagt Papa, «dann lesen wir noch ein Bilderbuch.»

«Aber jetzt musst du schlafen!»

«Du bist noch immer nicht müde?
Sieh mal den Mond, Bobo!

Der will auch schlafen. Er wartet nur,
bis du eingeschlafen bist!

Der Mond ist ganz müde!

Papa ist müde. Der Teddy ist müde.»

Mama kommt herein. Sie ist auch schon ganz müde.
«Gute Nacht, Bobo, schlaf gut!»

Papa schläft schon.

Mama singt ein Schlaflied.

Dann knipst sie das Licht aus.

Jetzt ist es dunkel.

Mama singt noch ein Schlaflied.

Mama schläft jetzt auch.

«Gute Nacht, Mond!», sagt Bobo. Dann legt er sich
auch ins Bett. – Gute Nacht, Bobo!

127